AF560916

Matjes

Pikante Rezepte
für kulinarische Genießer

Fotografiert von Günter Pump

Husum

Matjes, eine Delikatesse

Kleine Geschichte des jungfräulichen Herings

Der Matjes ist zunächst ein gewöhnlicher Hering, der gefangen wird, solange er noch keinen Ansatz von Milch und Rogen hat – idealerweise im Alter von drei bis vier Jahren. In der zentralen Nordsee, so ungefähr vor Schottland und Island oder auch vor den Küsten Norwegens, dauert die Fangzeit der Heringe von Mai bis Juni.
Die Geschichte der Matjesverarbeitung begann vermutlich im Jahr 1395 mit dem holländischen Fischer Beukelzoon, der wohl den Kehlschnitt erfand. Um einem Verderb des Fangs an Bord vorzubeugen, nahm der erfahrene Holländer jeden einzelnen fangfrischen Hering aus, überging dabei jedoch – wohl versehentlich – die Bauchspeicheldrüse des Fischs. Hiernach wanderte der gekehlte Hering in die Eichenholztonnen (Kantjes) an Bord. Infolge der Zugabe von reichlich Salz bildete sich eine Lake, in welcher der Hering an Bord länger aufbewahrt werden konnte. Seine verbliebenen Innereien – also in der Bauchspeicheldrüse enthaltene Enzyme – ließen ihn mit Salz vermengt reifen. So entstand der Matjes.

Der schmackhafte Matjes aus der Nordsee kam mit Beginn des 17. Jahrhunderts auf den Markt und erlangte rasch überregionale Bekanntheit, da er durch die Fermentierung nicht nur das ihm eigentümliche Aroma erlangt hatte, sondern vor allem auch ausreichend Haltbarkeit, um ihn in seinen transportablen Tonnen bis ins Hinterland ausliefern zu können. Mit seinem besonders zarten Fleisch gilt er noch heute als Delikatesse. Obwohl männliche und weibliche Tiere verarbeitet werden, spricht man von jungfräulichen Heringen. „Meijes“ werden in Holland die Mädchen genannt, daraus entstand wahrscheinlich die Bezeichnung „Matjes“. In seiner Konsistenz ist der Matjes mit einem Fettgehalt von mindestens 12 %, meistens aber 15 bis 20 %, zarter und weicher als der Hering. Das Aroma ist herzhaft.
Zubereiten lässt sich der Matjes mit vielen überraschenden Rezepten. Er ist ebenso Bestandteil der einfachen Küche wie der „haute cuisine“. Diese Delikatesse verschwindet auch außerhalb der Fangzeit nicht aus dem Sortiment der Fischhändler.

Matjesfilets süß-sauer

8 Matjesfilets, 4 Schalotten, 2 schwarze Rettiche, 1 Apfel, 2 EL Olivenöl, 100 ml Apfelessig, 100 ml trockener Weißwein, 200 ml Apfelsaft, 2 EL Honig, 2 TL Senfkörner, 1 kleiner Granatapfel.

Die Schalotten pellen und in Ringe schneiden. Den Rettich waschen, schälen und in dünne Scheiben schneiden. Den Apfel waschen, halbieren, entkernen und in Spalten schneiden.

Olivenöl in einer Pfanne erhitzen und die Schalotten darin anbraten. Apfelessig, Weißwein, Apfelsaft, Honig und Senfkörner zugeben. Aufkochen und 3 Minuten offen einkochen lassen. Die Matjesfilets sowie den Rettich und die Apfelspalten in eine Auflaufform legen. Alles mit dem heißen Sud begießen und abgedeckt im Kühlschrank etwa 5 Stunden marinieren.

Granatapfel in einer Schüssel mit kaltem Wasser rundum einschneiden, aufbrechen und die Kerne sehr vorsichtig herauslösen. Wasser abgießen.

Matjesfilets mit der Marinade auf Tellern anrichten und mit den Granatapfelkernen bestreuen.

Lachs-Matjes-Tatar auf Vollkornbrot

2 Matjes, 100 g Räucherlachs, 1 Gewürzgurke, 1 säuerlicher Apfel, 4 Frühlingszwiebeln, 1 kleiner Bund Schnittlauch, 1 EL Weizenkeimöl, Pfeffer, 4 Scheiben Vollkornbrot, Butter zum Braten, Gartenkresse für die Garnitur.

Die Matjes filetieren und ebenso wie den Räucherlachs, Gewürzgurke und den geschälten und entkernten Apfel in kleine Würfel schneiden. Zwiebeln fein schneiden, den Schnittlauch in kleine Röllchen schneiden. Alle Zutaten mit dem Öl vermischen und mit frisch gemahlenem Pfeffer abschmecken.
Die Brotscheiben in einer Pfanne in heißer Butter von beiden Seiten knusprig braten.
Mit Kresse garniert servieren.

Tatar auf Brötchen

8 Matjesfilets, 1 Kopfsalat, 4 Brötchen, 4 EL Apfelwürfel, 4 EL Zwiebelwürfel, 4 EL ausgelassene Baconwürfel, 2 EL Schnittlauchröllchen, Salz, weißer Pfeffer, Korianderpulver.

Die Filets in feine Würfel schneiden und mit den Apfel-, Zwiebel- und Baconwürfeln vermischen.
Mit Salz, Pfeffer und Korianderpulver würzen, die Schnittlauchröllchen vorsichtig unterheben.
Salat waschen und einige Blätter auf eine Hälfte des Brötchens legen. Darauf das Matjes-Tatar geben und mit Schnittlauchhalmen, Baconstreifen und Zwiebelringen garnieren.

Tatar mit Rote Bete

4 Matjesfilets, 150 g Rote Bete aus dem Glas, 1 große rote Zwiebel, 2 EL Kapern, 2 EL Olivenöl, 2 EL milder weißer Balsamico, 1 TL Senf, Salz und Pfeffer aus der Mühle.
Sauerrahm, Dill, Frühlingszwiebeln (grüner Teil).

Die Matjesfilets kalt abspülen und trocken tupfen. Mit einem scharfen Messer in kleine Würfelchen schneiden. Die rote Zwiebel und Rote Bete ebenfalls in etwa gleich große Würfel schneiden. Die Kapern ebenfalls fein hacken.
Aus Olivenöl, Balsamicoessig, Senf, Salz und Pfeffer eine Marinade anrühren. Danach alle Zutaten mit der Marinade vermischen. Im Kühlschrank gut durchziehen lassen (evtl. auch über Nacht).
Vor dem Servieren nochmals abschmecken. Dann in Sturzförmchen drücken und das Tatar auf den Teller stürzen. Mit Frühlingszwiebelringen, einem Klecks Sauerrahm und einem Zweig Dill garnieren.

Filets mit Avocado und Apfel

4 Scheiben Schwarzbrot, Butter, 1 Apfel, 1 Avocado, 2 EL Zitronensaft, 4 gehäufte EL Preiselbeeren aus dem Glas, 4 Matjesfilets.
Melisseblätter zum Garnieren

Apfel waschen, vierteln, entkernen und in Scheiben schneiden. Avocado halbieren, den Kern herauslösen, schälen und das Fruchtfleisch in dünne Spalten schneiden.
Apfelscheibe und Avocadospalten mit Zitronensaft einreiben.
Das Brot mit Butter bestreichen, darauf die Apfelscheibe und die Avocadospalten legen.
Je ein Matjesfilet anlegen und mit Preiselbeeren und Melisseblättern garnieren.

Gefüllte Pfannkuchen

250 g Weizenmehl, $^1/_2$ TL Salz, $^1/_2$ l Milch, 3 Eier, 2 EL Butter, 4 Rotweinmatjesfilets.
Creme: 30 g Bärlauch, 1 Zitrone, 250 g Ricotta, Salz, Pfeffer, 30 g rote Paprika.

Zuerst Mehl und Salz mit der Hälfte der Milch, dann den Rest der Milch und die Eier zu einem glatten Teig schlagen. Butter in der Bratpfanne zerlassen und in den Teig mischen. In der Bratpfanne dünne Pfannkuchen backen.
Bärlauch waschen, trocken tupfen, Stiele entfernen und längs halbieren. Blätter quer in dünne Streifen schneiden. Zitrone heiß waschen und trocknen. 1 TL fein abgeriebene Schale und 2 EL auspressten Zitronensaft zum Ricotta hinzugeben und mit Salz und Pfeffer verrühren. Bärlauch und Paprikawürfel untermischen.
Die Matjes abtropfen lassen, dann mit einem scharfen Messer der Länge nach in flache Scheiben schneiden. Das Dressing auf die Pfannkuchen verteilen und zum Schluss die Matjesscheiben auf das Dressing legen. Auf jeder Seite etwa einen fingerbreiten Rand frei lassen, damit die Füllung beim Zusammenrollen nicht aus der Pfannkuchenrolle gedrückt wird. Danach einmal quer durchschneiden.

Sandwich

8 Matjesfilets, 12 Scheiben Toastbrot, 8 Scheiben Frühstücksspeck, 1 Avocado, 1 EL Limettensaft, 1 EL Mayonnaise, kleine Salatblätter, 1 Schalotte, 2 Tomaten. Basilikum zum Garnieren

Brotscheiben toasten. Den Speck in einer Pfanne knusprig braten. Avocado halbieren, den Kern entfernen und schälen. Das Avocadofleisch mit Limettensaft zerdrücken und dann mit der Mayonnaise im Mixer glatt pürieren. Mit Salz und Pfeffer abschmecken.

Das getoastete Brot mit Avocado-Mayonnaise bestreichen, darauf etwas Salat, einen Speckstreifen und Tomatenringe. Das Ganze dann mit einem Matjes und mit fein gehackten Schalotten belegen. Beginnend mit einer weiteren Schicht Avocado-Mayonnaise die Zutaten in der gleichen Reihenfolge erneut verteilen und zum Schluss das Sandwich mit Pfeffer aus der Mühle würzen.

Alles mit einer weiteren Brotscheibe abdecken, leicht zusammendrücken und mit einem Holzspieß fixieren.

Mit Basilikum garnieren.

Sherry-Matjes

3 große Äpfel, 4 Sherry-Matjesfilets, Rote-Bete-Kugeln aus dem Glas, etwas Dill.

Äpfel schälen und die Rundungen gerade schneiden, sodass eine Würfelform entsteht.
Äpfel so teilen, dass das Kerngehäuse wegfällt. Die Apfelstücke in Quader mit einer Kantenlänge von etwa 2 cm schneiden, sofort mit Zitronensaft einreiben, damit sich der Apfel nicht braun verfärbt.
Sherry-Matjesfilets in etwa 2 cm breite Streifen schneiden. Von den Filetstreifen etwa 2 cm lange Stücke schneiden und auf die Apfelquader setzen.
Die Rote-Bete-Kugeln abtropfen lassen und halbieren, mit einem Holzspieß jeweils ein kleines Loch in die Kuppe stechen.
Mit Dillspitzen bestückt auf die Matjes setzen.

Gefüllte Filets auf Apfelscheiben

8 Matjesfilets, 2 kleine Äpfel, 3 TL Zitronensaft, 1 kleines Bund Lauchzwiebeln, 3 Gewürzgurken (50 g), 150 g Sahnejoghurt, 1 Becher saure Sahne, 3 EL Mayonnaise, 4 TL Preiselbeerkompott, 2–3 TL geriebener Meerrettich, Salz, Pfeffer, 1 Bund Dill.
Außerdem: 2 große Äpfel (ca. 250 g), 1 EL Zitronensaft, 1 TL Zucker, 1/4 l Wasser, einige Dillzweige.

Für die Füllung Äpfel schälen, vierteln und jeweils das Kerngehäuse herausschneiden. Fruchtfleisch in kleine Stücke schneiden. Mit 2 TL Zitronensaft beträufeln, durchmischen. Lauchzwiebeln putzen, trocken tupfen und fein würfeln. Gewürzgurken fein würfeln. Joghurt, saure Sahne, Mayonnaise, Preiselbeerkompott, restlichen Zitronensaft und Meerrettich in eine Rührschüssel geben. Apfelstücke, Gurken- und Lauchzwiebelwürfel zufügen und verrühren. Mit Salz und Pfeffer abschmecken.
Dillspitzen fein hacken. Zur Füllung geben und nochmals abschmecken.
Die großen Äpfel waschen, das Kerngehäuse entfernen und in acht Scheiben schneiden. Zitronensaft, Zucker und Wasser in eine mittelgroße Pfanne geben und erhitzen. Apfelscheiben darin weich dünsten (etwa 2 Minuten), herausnehmen und abkühlen lassen.
Matjesfilets trocken tupfen. Mit kleinen Holzspießen zusammenstecken und auf die gedünsteten Apfelscheiben setzen.
Füllung hineingeben. Mit Dillspitzen garnieren und mit Preiselbeerkompott anrichten.

Gebratene Matjes mit Tomaten

8 Matjesfilets, 4 EL Rapsöl, 1 Knoblauchzehe, 1 EL abgeriebene Schale einer Orange, 1 Dose (400 g) geschälte Tomaten, $^1/_2$ Bund glatte Petersilie.

Matjesfilets kurz im Öl braten. Knoblauch pellen, durchpressen und mit der Orangenschale mischen. Die Matjes aus der Pfanne nehmen und auf eine warme Platte legen. Dann die Knoblauchmischung in demselben Fett andünsten.

Die Tomaten zerdrücken und in die Pfanne geben. Die gehackten Petersilienblätter zugeben, kurz aufkochen lassen.

Matjesfilets mit den gedünsteten Tomaten auf Tellern anrichten und mit Petersilienblättern garnieren.

Gegrillter Matjes

8 Matjesfilets.
Marinade: 2 EL frischer Ingwer, 2 Knoblauchzehen, Saft von $^{1}/_{2}$ Zitrone, $^{1}/_{4}$ l Wasser, 150 ml Sojasauce, 2 EL Honig, 1 TL gemahlener Pfeffer, 1 EL Sesamöl.
Dressing: $^{3}/_{4}$ l saure Sahne, 4 TL gehackter Dill, 4 EL Weinessig, 2 TL Salz, 8 EL rote Paprikawürfel.

Ingwer und Knoblauch fein reiben oder hacken und mit dem Saft der Zitrone und den restlichen Zutaten für die Marinade mischen. In der Marinade den Matjes etwa 30 Minuten marinieren lassen. Die Filets auf den eingefetteten Grill oder in die Grillpfanne geben, bis sie eine schöne Farbe haben.
Für das Dressing die saure Sahne glatt rühren, dann gehackten Dill, Essig, Salz und Paprikawürfel untermischen.
Die Matjesfilets mit Toastbrot und Sauerrahm-Dressing servieren. Als Beilage passt ein Obstsalat.
Mit Dillspitzen und Paprikawürfeln garnieren.

Gebratene Doppelmatjes

4 Doppelmatjes, 3 EL Speisestärke, 2 EL Paniermehl, 1 EL Currypulver, Butterschmalz.
1 Nashibirne, 5 Radieschen, $^1/_2$ Bund Dill,
2 EL saure Sahne, 2 EL Crème fraîche, Salz,
Pfeffer aus der Mühle, 1TL rosa Pfeffer,
1 TL Kräuteressig.

Speisestärke, Paniermehl und Currypulver vermischen. Matjes darin von beiden Seiten panieren und in einer Pfanne mit wenig Butterschmalz braten.
Nashibirne schälen, das Kerngehäuse entfernen, in kleine Würfel schneiden. Radieschen waschen und in feine Scheiben schneiden. Dill waschen, abtropfen lassen. Ein wenig für die Dekoration beiseitelegen, den Rest fein hacken. Die Sahne mit Crème fraîche verrühren, mit Salz, Pfeffer, rosa Pfeffer und Kräuteressig abschmecken.
Etwa 1 EL gehackten Dill unter die Sahnemischung rühren und ziehen lassen.
Matjes, Nashibirnen, Radieschen und Sahnemischung auf Tellern anrichten, mit rosa Pfeffer und etwas Dill garnieren.

Joghurtkaltschale mit Matjes

500 g Salatgurke, Salz, 400 g Vollmilchjoghurt, Pfeffer, bunter Pfeffer, 100 g Fetakäse, 4 Matjesfilets, 3 EL Dillspitzen.

Die Gurke längs halbieren, entkernen und kleine Kugeln aus dem Fruchtfleisch ausstechen oder Gurke schälen, entkernen und würfeln. Salzen und auf einem Sieb 10 Minuten abtropfen lassen.
Joghurt cremig rühren, Gurke und einen Teil des gehackten Dills unterheben, salzen und pfeffern und 30 Minuten im Kühlschrank durchziehen lassen.
Feta fein zerbröckeln und unter die Joghurtcreme heben. Auf vier Teller verteilen. Die Matjesfilets trocken tupfen, in mundgerechte Stücke schneiden und darauf anrichten.
Mit Dill und grob gemahlenem bunten Pfeffer bestreuen.

Grüne Bohnen und Matjes

8 Matjesfilets, 1 große Zwiebel, 1000 g grüne Bohnen, 1 Msp. Backpulver, Salz, Bohnenkraut, 200 g durchwachsener Speck, 60 g Butter, Petersilie.

Matjesfilets je nach Wunsch wässern. Zwiebel schälen, halbe Zwiebel in Scheiben schneiden und die Ringe auf den Matjesfilets verteilen. Kühl stellen.
Die Bohnen putzen. Reichlich Salzwasser kochen, die Bohnen mit dem Backpulver darin einmal aufwallen lassen, herausheben und kalt abspülen. Mit neuem Wasser zum Kochen bringen. Salz und Bohnenkraut dazugeben. Bei mittlerer Hitze 15–20 Minuten garen. Abgießen.
In der Zwischenzeit den Speck und die restliche Zwiebel fein würfeln und in einer Pfanne in der Butter ausbraten. Kurz vor dem Servieren über die abgetropften Bohnen gießen und mit gehackter Petersilie bestreuen.

Pellkartoffeln werden zu den Matjes und grünen Bohnen serviert.

Reis-Frittata mit Rotweinfilets

1 mittelgroße Zwiebel, 6 EL Kräuteressig, $^1/_8$ l Rotwein, 50 g Kandiszucker, $^1/_2$ EL Senfkörner, 1 Lorbeerblatt, $^1/_2$ Msp. gemahlene Nelken, Salz, Pfeffer, 6 marinierte Matjesfilets.
150 g Reis, Salz, 75 ml Sahne, 6 Eier, Muskatnuss, 100 g Feldsalat, 2 EL Olivenöl, 1 TL Sesamöl.

Zwiebel schälen, in Ringe schneiden. Mit Essig, Wein, Zucker, Gewürzen, Salz und Pfeffer etwa 2 Minuten köcheln, auskühlen lassen. Matjes in Streifen schneiden, untermischen und zugedeckt 3 Tage kalt stellen.
Den Reis in einem Sieb waschen und in eine tiefe Pfanne geben. 225 ml Wasser und 1 Prise Salz zugeben und abgedeckt zum Kochen bringen. Auf kleinster Stufe 15 Minuten quellen lassen.
Die Sahne in einer Schüssel halbsteif schlagen. Die Eier hinzufügen und unterschlagen. Mit Salz und frisch geriebener Muskatnuss würzen.
Den gegarten Reis mit einer Gabel etwas auflockern, das Olivenöl darüberträufeln und die Eier-Sahne-Mischung gleichmäßig über den Reis verteilen. Abgedeckt bei mittlerer Hitze stocken lassen.
Den gewaschenen Feldsalat mit 1 Prise Salz und dem Sesamöl mischen. Die Rotweinmatjes mit der in Stücke geschnittenen Frittata und dem Feldsalat anrichten.

Hausfrauenart

8 Kräutermatjesfilets, 150 ml Sahne, 200 g Sauerrahm, 2 EL Salat-Mayonnaise, 2 EL Weißweinessig, 1 TL Senfkörner, Salz, Pfeffer, 1 TL Zucker, 2 säuerliche Äpfel, 2 Zwiebeln, 200 g kleine Gewürzgurken.

Sahne mit Sauerrahm und Mayonnaise verrühren. Essig, Senfkörner unterrühren, mit Salz, Pfeffer und Zucker abschmecken. Äpfel vierteln, entkernen und das Fruchtfleisch quer in Stücke schneiden. Zwiebeln schälen, halbieren und in dünne Scheiben schneiden. Alles unter die Sahnesauce rühren und zugedeckt mindestens 60 Minuten im Kühlschrank ziehen lassen.
Die Matjes zum Servieren auf Teller geben. Die Gurken-Apfel-Sauce darüber geben und mit Apfelstücke, Gurkenstücken und Zwiebelringen garnieren.

Sülze

300 ml Fischfond (Glas), 4 Matjesfilets, 1 unbehandelte Zitrone, 40 g frischer Meerrettich, etwa 125 g rote säuerliche Äpfel, 1 Zwiebel, 1 Bund Dill, weißer Pfeffer, 4–5 Blatt weiße Gelatine, 150 g Sahnejoghurt, Salz.

Fischfond auf die Hälfte reduzieren. Matjesfilets kalt abspülen, trocken tupfen und sehr fein würfeln. Schale der Zitrone fein abreiben, 1–2 EL Saft auspressen. Meerrettich schälen und fein reiben. Äpfel vierteln, entkernen, fein würfeln und in Zitronensaft wenden. Zwiebel fein würfeln. Dill hacken und mit Matjeswürfeln, Zitronenschale, Meerrettich, Apfel- und Zwiebelwürfeln mischen. Mit Pfeffer aus der Mühle würzen.
Gelatine in kaltem Wasser einweichen. Joghurt und Fischfond glatt rühren, mit Salz und Pfeffer würzen. Gelatine tropfnass bei milder Hitze auflösen, mit dem Joghurt und dem restlichen Zitronensaft verrühren. Dann 15–20 Minuten kalt stellen.
Eine Form kalt ausspülen. Einen Spiegel hineingießen, 10–15 Minuten kalt stellen. Dann alle Zutaten in die Form schichten. Mit Aspik bedecken. Über Nacht abgedeckt kalt stellen.
Zum Stürzen die Form kurz in warmes Wasser tauchen. Die Sülze mit einem Messer vom Rand lösen und vorsichtig auf einen Teller gleiten lassen. Mit einem scharfen Messer in Scheiben schneiden.

Dazu passen goldgelbe Bratkartoffeln.

Filets mit Äpfeln und roten Zwiebeln

200 g Crème fraîche, 4 EL Sahne, 3 Gewürzgurken aus dem Glas, Saft von $^1/_2$ Zitrone, Salz, 1 rote Zwiebel, 200 g saure Sahne, 3 EL Gurkensud, 2 fruchtige Äpfel, $^1/_2$ TL brauner Zucker, schwarzer Pfeffer aus der Mühle, 4 Doppel-Matjesfilets.

Crème fraîche mit der sauren Sahne, Sahne und Gurkensud in einer Schüssel verrühren.
Die Gurken längs vierteln und in feine Scheiben schneiden. Die Äpfel waschen, halbieren und das Kerngehäuse entfernen. Die Hälften nochmals dritteln und in feine Scheiben schneiden. Die Apfelscheiben gleich mit Zitronensaft beträufeln.
Gurken- und Apfelscheiben unter die Sahnesauce heben, dann mit Zucker, Salz und Pfeffer abschmecken.
Die Zwiebel schälen und in feine Ringe schneiden.
Die Sahnesauce portionsweise auf Tellern verteilen. Matjesfilets darauf anrichten und mit Zwiebelringen garnieren.

Kräutercreme und Bratkartoffeln

1 Zwiebel, 1 EL Rapsöl, 1 EL Apfelessig, 20 g Dill, 20 g glatte Petersilie, 30 g Kerbel, 200 g griechischer Joghurt, Salz, Pfeffer, 1 TL abgeriebene Zitronenschale. 800 g festkochende Kartoffeln, 20 g Butterschmalz, 1 rote Zwiebel, 8 Matjesfilets.

Zwiebel in feine Würfel schneiden. Öl in einem kleinen Topf erhitzen und die Zwiebelwürfel bei kleiner Hitze glasig dünsten. Essig zugeben und abkühlen lassen.
Kräuter waschen und trocken schleudern, einige zurücklassen für die Garnitur. Restliche Kräuter fein schneiden und mit dem Essigzwiebeln und Joghurt im Mixer fein pürieren. Mit Salz, Pfeffer und Zitronenschale würzen und kalt stellen.
Für die Bratkartoffeln die Kartoffeln schälen und in etwa 2 cm große Würfel schneiden. Butterschmalz in einer Pfanne erhitzen und die Kartoffeln bei mittleren Hitze etwa 15 Minuten goldbraun braten. Mit Salz und Pfeffer würzen.
Rote Zwiebel in dünne Ringe schneiden. Matjes mit den Bratkartoffeln und Kräutercreme auf Tellern anrichten und mit den Zwiebelringen und Kräutern garnieren.

Häckerle

8 Matjesfilets, 200 g säuerliche Äpfel, 1 kleine Zwiebel, 3 hart gekochte Eier. 120 g saure Sahne, 1 TL mittelscharfer Senf, Salz, Pfeffer, Zucker. Petersilie zum Bestreuen.

Matjesfilets kalt abspülen, trocken tupfen und klein würfeln oder hacken. Apfel schälen und klein würfeln, Zwiebel ebenfalls fein würfeln und mit den klein gehackten Eiern in einer Schüssel vermischen, 1 EL gehacktes Ei für die Garnitur beiseitestellen.

Für die Sauce die saure Sahne mit dem Senf verrühren, mit Salz, Pfeffer und Zucker abschmecken. Über das Häckerle gießen und zugedeckt etwa 30 Minuten kalt gestellt durchziehen lassen.

Das Häckerle auf einer Scheibe Schwarz- oder Vollkornbrot anrichten und mit dem gehackten Ei und gehackter Petersilie bestreuen.

Gefüllte Kartoffeln

8 große, mehligkochende Kartoffeln (etwa 1000 g), 2 Becher Joghurt, $^1/_8$ l saure Sahne, je 1 Bund Dill, Petersilie, Pimpinelle, Salz, Pfeffer, Cayennepfeffer, 6 Matjesfilets, 2 rote Paprikaschoten, 1 Bund Schnittlauch, Feldsalat.

Kartoffeln waschen, einzeln in Alufolie einwickeln und im vorgeheizten Backofen ca. 60 Minuten bei 225 °C backen lassen. In der Zwischenzeit Joghurt und Sahne verrühren. Dill, Petersilie und Pimpinelle waschen, hacken und unter die Joghurt-Sahne rühren. Mit Salz, Pfeffer aus der Mühle und Cayennepfeffer würzen.
Matjesfilets in mundgerechte Stücke schneiden. Paprikaschote putzen, waschen und in Streifen schneiden. Matjes und Paprika mit Schnittlauchröllchen mischen.
Die gebackenen Kartoffeln auswickeln. Jeweils das obere Drittel der Kartoffel längs abschneiden und den unteren Teil aushöhlen, es soll ein etwa 4 mm breiter Rand stehen bleiben. In jede ausgehöhlte Kartoffel etwas Sauce geben. Die Matjesstücke und Paprikastreifen auf die Kartoffeln verteilen.
Dazu die Sauce und einen frischen Pflücksalat servieren.

Sherry-Filets auf Kartoffelpuffer

100 g Sauerrahm, 100 g Naturjoghurt, 1 EL Mayonnaise, weißer Pfeffer, Zitronensaft, etwas Zucker zum Abschmecken, 1 kleine Gewürzgurke, 1 Schalotte, 1 kleiner Apfel.
1500 g festkochende Kartoffeln, 4 Eier, 2 Zwiebeln, Salz, Pfeffer, geriebene Muskatnuss, Öl.
4 Sherry-Matjesfilets, Kresse zum Garnieren.

Für die Creme den Sauerrahm mit dem Joghurt und Mayonnaise verrühren und mit Salz, Pfeffer, Zitronensaft und Zucker würzen. Gewürzgurke in kleine Stücke schneiden. Schalotte schälen und fein würfeln. Den geschälten Apfel in kleine Würfel schneiden. Gurken, Schalotten und Apfelstücke unter die Sauerrahmcreme mischen und abschmecken. Kalt stellen.
Kartoffeln schälen, waschen und fein reiben. Dann die Kartoffelmasse in ein Sieb geben und leicht ausdrücken, dabei das Wasser in einer Schüssel auffangen und einige Minuten stehen lassen.
Zwiebeln schälen und fein würfeln, dann in einer Schüssel die Eier und Zwiebelwürfel mit der Kartoffelmasse vermengen. Das Kartoffelwasser wegschütten und das abgesetzte Kartoffelmehl unter die Masse rühren. Mit Salz, Pfeffer und Muskatnuss abschmecken.
In einer großen Pfanne das Öl erhitzen, löffelweise die Kartoffelmasse hineingeben, flach drücken und von beiden Seiten goldbraun braten.
Die Kartoffelpuffer mit den Matjesfilets und der Sauerrahmcreme auf Tellern anrichten und mit der Kresse bestreut servieren.

Queller mit Mango und Papaya auf Rösti

500 g Majesfilets, 120 g Mango, 120 g Papaya, 3 kleine rote Zwiebeln, 4 TL Honig, 4 Zweige Dill, 400 g Kartoffeln, 4 Eier, 4 TL Petersilie, Salz, Pfeffer, Muskat, Öl, 200 g Schinkenwürfel, 200 g Sahne, 4 EL Schnittlauchröllchen, 100 g Queller (vom Fischhändler), Butter.

Matjes, Mango, Papaya und 2 Zwiebeln fein würfeln und in einer Schüssel mischen. Mit Honig abschmecken und den geschnittenen Dill hinzufügen. Etwa 30 Minuten ziehen lassen.
Geschälte Kartoffeln auf ein Sieb raspeln. Eine gewürfelte Zwiebel, Petersilie und die Eier zu den Kartoffeln geben, mit Salz, Pfeffer und Muskat abschmecken und aus der Masse vier Rösti goldgelb braten. Für den Schinkenschaum die Schinkenwürfel in einer Pfanne auslassen und in die geschlagene Sahne geben. Schnittlauchröllchen untermischen.
Den Queller putzen und in der Pfanne kurz in Butter schwenken.
Tatar im Ring auf den Rösti anrichten und mit dem Queller garnieren. Den Schinkenschaum an den Rösti drapieren.

Würzige Spieße

4 Matjesfilets, 2 EL Silberzwiebeln (Glas), 200 g Salatgurke, etwas Zitronensaft, 1 Apfel, 2 EL Weißweinessig, je 1 Prise Salz und Zucker, Pfeffer, 3 EL Öl, je $^{1}/_{2}$ gelbe und rote Paprikaschote.

Matjes abspülen, gründlich trocken tupfen. Silberzwiebeln abtropfen lassen. Gurke waschen. Apfel waschen, vierteln, entkernen, mit Zitronensaft beträufeln. Matjes, Gurke und Apfel in mundgerechte Stücke schneiden. Mit den Zwiebeln auf Schaschlik-Spieße stecken.

Essig, etwas Salz, Pfeffer, Zucker und das Öl verrühren. Paprika putzen, waschen, sehr fein würfeln. Mit der Marinade mischen, über die Spieße geben.

Birnen-Rote-Bete-Ragout

8 Matjesfilets, 1 große Birne, 200 g fertig gekochte Rote Bete, 1 EL Walnussöl, Salz, Pfeffer, 1 EL Zitronensaft, 1 TL Honig, 10 g frischer Ingwer, 80 g Lauchzwiebeln, 250 g Crème fraîche, 40 g Quark.

Birne schälen, Rote Bete abpellen und alles in etwa 1 cm große Würfel schneiden. Walnussöl in eine Pfanne geben und die Würfel darin bei mittlerer Hitze etwa 2 Minuten durchschwenken. Mit Salz, Zitronensaft und Honig abschmecken.

Ingwer schälen und fein reiben. Lauchzwiebeln waschen und in Ringe schneiden. Crème fraîche und Quark verrühren. Ingwer und einen Teil der Lauchzwiebelringe unterheben und mit Salz und Pfeffer abschmecken.

Das lauwarme Ragout auf Tellern mit der Creme anrichten, jeweils 2 Matjesfilets darüberlegen.

Sauerkraut mit Kräutermatjes

1 Bund Frühlingszwiebeln, 1 rote Paprika,
450 g Sauerkraut, 1 Apfel, kleine Ananas,
8 Matjesfilets, etwas Dill.
Marinade: 150 ml Joghurt, 150 ml saure Sahne,
etwas abgeriebene Zitronenschale, Curry, Salz,
Pfeffer.

Frühlingszwiebeln in Ringe schneiden und die Paprikaschote und Ananas in kleine Würfel schneiden.
Eventuell das Sauerkraut klein schneiden. Apfel schälen und in kleine Spalten schneiden.
Aus Joghurt, Sahne, Zitronenschale, Curry, Salz und Pfeffer eine Marinade herstellen und mit dem Gemüse und Obst mischen.
Auf die Teller verteilen, jeweils 2 Filets darauf und mit Dillspitzen garnieren.

Schiffchen mit Radieschen, Avocado und Matjes

2 Matjesfilets, $^{1}/_{2}$ Bund Radieschen, 1 Avocado, 1 Frühlingszwiebel, 1 Salatherz, Schnittlauch, 150 g Joghurt, 1 TL Honigsenf, $^{1}/_{2}$ Zitrone, Meersalz, frisch gemahlener Pfeffer.

Matjes abspülen und trocken tupfen. Radieschen putzen und waschen. Avocado waschen und entkernen. Alle drei Zutaten in kleine Würfel schneiden. Die gewaschene Frühlingszwiebel in Ringe schneiden. Das Salatherz in Blätter zerpflücken, waschen und trocken schleudern. Schnittlauch waschen und fein schneiden.
Für das Dressing Joghurt mit dem Saft der halben Zitrone, Schnittlauchröllchen und Honigsenf verrühren und mit Meersalz und Pfeffer abschmecken. Danach das Dressing mit den übrigen Zutaten leicht vermengen.
Salatblätter auf Tellern anrichten und mit dem Matjes-Radischen-Avocado-Dressing füllen.

Rote Bete mit Wildzwiebelperlen

8 Matjesfilets, 500 g Rote Bete, 1 kleine Zwiebel, 100 ml Olivenöl, 4 EL Weinessig, 4 EL Wasser, 1 TL Meersalz, Pfeffer, 4 Stangen Staudensellerie. 1 Tomate, 1 TL Meersalz, 40 g Brutzwiebeln des Weinbergschnittlauchs, 80 ml Rapsöl, 50 ml Weinessig, 1 EL Honig, 1 TL Korianderpulver, 1 EL Tomatenmark, 1 Prise Chilipulver.

Die Rote Bete mit der fein gewürfelten Zwiebel im Öl kurz dünsten. Essig, Wasser, Meersalz und Pfeffer dazugeben. Staudensellerie mit einem Sparschäler schälen oder die langen zähen Fäden mit Hilfe eines kleinen Messers abziehen. Den geschälten Sellerie in mundgerechte Stücke schneiden und bissfest garen. Die Tomate häuten, entkernen, klein würfeln und salzen, dann über Nacht stehen lassen. Tomatensaft abgießen und in einem Topf sirupartig einkochen.
Die Brutzwiebeln im Öl etwa 3 Minuten dünsten und dann mit allen Zutaten verrühren.
Matjes mit Roter Bete, Sellerie und Wildzwiebelperlen servieren.

Heidelbeeren und Ringelbete

8 Matjesfilets, 500 g kleine Kartoffeln (Drillinge), 250 g Heidelbeeren, 2 Knollen Ringelbete, 3 Gewürzgurken, 2 kleine rote Zwiebeln, 1 Bund Dill, 200 g Skyr, Salz, Pfeffer aus der Mühle, 2 EL Rapsöl, 1 TL Senf.

In Wasser die Kartoffeln garkochen, abgießen. Abkühlen lassen und halbieren. Matjes kalt abspülen und trocken tupfen. Von der Ringelbete das Kraut abschneiden, waschen, schälen und in feine Scheiben schneiden. Heidelbeeren waschen und abtropfen lassen.
Die Gurken aus der Flüssigkeit nehmen, das Gurkenwasser beiseite stellen. Die Gurken in kleine Würfel schneiden. Zwiebeln pellen und eine in feine Streifen schneiden. Dill waschen, trocken schütteln (ein paar Stiele zur Dekoration zurücklassen), den Rest klein schneiden.
Für das Dressing Skyr, 4 EL Gurkenwasser, gehackten Dill, Salz, Pfeffer, Rapsöl und den Senf verrühren.
Matjes, Ringelbetescheiben und Heidelbeeren auf gewaschenen Ringelbeteblättern anrichten. Dazu das Dressing geben und mit Dillspitzen, Zwiebelringen und Borretschblüten garnieren.

Gefüllte Minigurken

3 Matjesfilets, 1 Gläschen feine Kapern, 2–3 Frühlingszwiebeln, 3–4 Thymianzweige, Salz, 1 Prise Kardamom, 3 EL Öl, 4 Frühstücksgurken (kleine Salatgurken).

Matjesfilets waschen, trocken tupfen und sehr fein hacken. Kapern abtropfen lassen; den Sud auffangen. Frühlingszwiebeln waschen, putzen und sehr fein schneiden. Thymian waschen und die Blättchen von den Stielen streifen. Vorbereitete Zutaten miteinander mischen. Kapernsud, Salz und Kardamom verrühren. Nach und nach das Öl unterrühren. Das Matjestatar damit marinieren.

Die Gurken waschen, längs halbieren und mit einem Löffel aushöhlen. Tatar einfüllen und anrichten.

Dazu wird ein herzhaftes Bauernbrot gereicht.

Belugalinsen auf Apfelscheiben

150 g Belugalinsen, 4 Frühlingszwiebeln, 100 g Möhren, 3 EL Rapsöl, Salz, schwarzer Pfeffer, 4 EL Balsamico-Creme, 2 Äpfel, 2 EL Butter, Zucker, 4 Matjesfilets.

Linsen in ein Sieb geben und unter fließend kaltem Wasser abspülen. In einen Topf geben und mit kaltem Wasser bedecken. Auf mittlerer Stufe aufkochen, dann die Hitze reduzieren und abgedeckt 20 Minuten köcheln lassen, bis die Linsen noch Biss haben.

Frühlingszwiebeln putzen, waschen und in feine Ringe schneiden. Möhren schälen, waschen und fein würfeln. Öl in einer Pfanne erhitzen. Die Frühlingszwiebelringe darin kurz anbraten, die Möhrenwürfel einrühren, abdecken und etwa 5 Minuten schmoren lassen.

Die gegarten Linsen abgießen und in eine große Pfanne geben. Mit Salz und frisch gemahlenem Pfeffer würzen, die Balsamico-Creme einrühren und mit Zucker abschmecken. Warm halten.

Die gewaschenen Äpfel in dünne Scheiben schneiden und das Kerngehäuse herausstechen. Die Butter in einer Pfanne erhitzen und die Apfelscheiben darin etwa 2 Minuten braten, dabei einmal vorsichtig wenden.

Linsen und die gebratenen Apfelscheiben auf Tellern anrichten und die Matjesfilets darüberlegen.

Mit Dillspitzen garnieren.

Matjes mit Gemüse

4 Matjesfilets, $^1/_2$ Salatgurke, 3 Möhren, 1 Bund Frühlingszwiebeln, 150 g Staudensellerie, 1 Zitrone, 2 Äpfel, 200 g Crème fraîche, 200 g Schmand, 200 g Schlagsahne, Salz, weißer Pfeffer, $^1/_2$ Bund Dill, $^1/_2$ Bund Schnittlauch.

Die Filets kurz kalt abspülen. Gurke waschen, längs halbieren und die Kerne herauskratzen. Die Möhren waschen und schälen. Die Frühlingszwiebeln waschen und putzen. Alles in sehr dünne Scheiben schneiden.

Das Selleriegrün beiseitelegen. Die Stangen waschen und in dünne Ringe schneiden. Von der Zitrone die Schale fein abreiben und den Saft auspressen.

Die Äpfel waschen und vierteln, die Kerngehäuse herausschneiden. Die Apfelviertel in dünne Scheiben schneiden und sofort mit Zitronensaft beträufeln. Alles mischen.

Die Crème fraîche mit Schmand und Sahne glatt rühren, mit Salz und Pfeffer abschmecken. Den Dill abzupfen, den Schnittlauch in kleine Röllchen schneiden. Die Hälfte der Kräuter unter die Sauce mischen.

Die Matjesfilets auf Tellern anrichten und die Sauce dazugeben. Das Gemüse und den Rest der Kräuter darauf verteilen und mit Selleriegrün und Dillspitzen garnieren.

Dazu passen Pellkartoffeln.

Curry-Bananen-Sauce mit Matjes

1 Banane, 150 g Magermilchjoghurt, 2 EL Salatmayonnaise, Salz, Pfeffer, Currypulver, 4 Matjes-Doppelfilets, 2 rote Zwiebeln, Dill.

Banane schälen und einige dünne Scheiben fürs Garnieren beiseitestellen, den Rest mit einer Gabel zerdrücken, mit Joghurt, Mayonnaise, Salz und Pfeffer aus der Mühle verrühren und kräftig mit Curry würzen.

Die Matjesfilets waschen, trocken tupfen und auf den mit Salatblättern ausgelegten Tellern anrichten. Zwiebeln schälen, in feine Ringe schneiden und über die Matjes geben.

Die Curry-Bananen-Sauce dazu reichen.

Mit Dillspitzen und Bananenscheiben garnieren.

Teufelssauce

8 Matjesfilets, 1 Flasche Tomatenketchup (250 ml), 1 große Gewürzgurke, 1 TL Senf, 1 TL Kapern, 1 EL Sojasauce, Salz, Pfeffer, Cayennepfeffer, 3 Zwiebeln, 1 Kopf Salat, Schnittlauch.

Tomatenketchup mit kleinen Gewürzgurken-Würfeln, Senf, Kapern und Sojasauce vermischen. Sauce salzen, pfeffern und mit Cayennepfeffer würzen. Matjesfilets abtropfen lassen. Zwiebeln in Ringe schneiden. Einige Zwiebelringe zurücklassen, die restlichen Zwiebelringe in die Sauce geben. Teller mit gewaschenen Salatblättern auslegen und die Matjesfilets mit der Sauce darauf anrichten.
Mit einigen Zwiebelringen und kleinen Schnittlauchringen garnieren.

Frucht-Gemüse-Salat

200 g Matjesfilets, 1 reife Mango, 1 kleine Salatgurke, $^1/_2$ Bund Radieschen, 1 Frühlingszwiebel, 1 kleine rote Zwiebel, 25 g Sonnenblumenkerne, 1 Zitrone, $^1/_2$ Bund Dill, 150 g saure Sahne, Pfeffer aus der Mühle, Zucker, 1 TL rosa Pfefferbeeren.

Matjesfilets in mundgerechte Stücke schneiden. Mango schälen und die Gurke schälen, längs halbieren und Kerne entfernen. Mango und Gurke in kleine Stücke schneiden.
Radieschen und Frühlingszwiebel waschen und putzen. Radieschen in Scheiben schneiden. Die Zwiebel schälen und fein würfeln. Von der Zitrone die Schale abreiben und den Saft auspressen. Alle Zutaten miteinander vermengen.
Sonnenblumenkerne in einer Pfanne ohne Fett anrösten und abkühlen lassen. Den Dill (einige Dillspitzen zum Garnieren beiseitelegen) fein hacken. Saure Sahne mit dem gehackten Dill verrühren. Mit $^2/_3$ der Sonnenblumenkerne unter den Matjessalat rühren und mit Salz, Pfeffer und 1 Prise Zucker abschmecken.
Alles in eine Schüssel füllen und über Nacht im Kühlschrank durchziehen lassen. Vor dem Servieren mit rosa Pfefferbeeren, Sonnenblumenkernen und Dillspitzen garnieren.

Rettichsalat mit Himbeer-Honigmarinade

4 Matjesfilets.
Für die Marinade: 1 EL Himbeermark, 100 ml Walnussöl, 2 EL Himbeeressig, Salz, Zucker.
Salat: 250 g Rettich, 50 ml Geflügelfond, 1 EL Honig, 2 EL Himbeeressig, 200 ml Sesamöl, Salz, Pfeffer.

Den leicht erwärmten Geflügelfond, Honig und Himbeeressig in einen Becher geben und mit einem Pürierstab das Sesamöl untermischen. Mit Salz und Pfeffer abschmecken.
Den Rettich schälen, in feine Streifen schneiden und zur Sesammarinade geben.
Rettichsalat auf Tellern anrichten. Je 1 Matjesfilet darauflegen und mit der Himbeer-Honigmarinade servieren.

Bunter Salat

4 Matjesfilets, 150 g gekochter Schinken, 2 Gewürzgurken, 150 g gegarte und geschälte Rote Bete, 1 Zwiebel, 2 Äpfel, 4 hart gekochte Eier, 2 EL Kapern, 150 g Mayonnaise, 150 g Naturjoghurt, 2 EL Tomatenketchup, Salz, Pfeffer, Zucker, Dillspitzen.

Matjesfilets trocken tupfen und in mundgerechte Würfel schneiden. Den gekochten Schinken, die Gewürzgurken und die Rote Bete würfeln.

Zwiebel schälen und fein hacken. Die gewaschenen Äpfel halbieren, entkernen und klein würfeln. Die Eier pellen und klein würfeln. Die abgetropften Kapern grob hacken.

Die Mayonnaise mit Joghurt und Tomatenketchup verrühren, mit Salz, frisch gemahlenem Pfeffer und Zucker abschmecken und mit den Salatzutaten vermengen.

Kühl stellen und mit Dillspitzen garniert servieren.

Granatapfelsalat

8 Matjesfilets, 100 g Granatapfelkerne, 50 g Pumpernickel, 1 Bund Schnittlauch, 1 Kopf grüner Salat, Pfeffer, 5 EL Rapsöl.

Die trocken getupften Matjesfilets in kleine Stücke schneiden und mit Schnittlauchröllchen und dem in mundgerechte Stücke gezupften Salat in einer Schüssel vermischen. Pumpernickel zerbröseln und mit den Granatapfelkernen zum Salat geben.

Mit Pfeffer aus der Mühle abschmecken und zum Schluss das Rapsöl hinzugeben und durchmischen.

Erdbeer-Spargel-Salat auf Süßkartoffeln

8 Matjesfilets, 300 g Spargel, 50 g Butter, 2 große Süßkartoffeln, 200 g Erdbeeren, 1 Schalotte, 1 TL Dijonsenf, 1 EL gehackte, gemischte Kräuter, 3 EL Rapsöl, 2 EL Himbeeressig, Saft von $^{1}/_{2}$ Orange, Salz, Zucker, Pfeffer, einige Blätter Lollo-Bionda-Salat, Blüten zum Garnieren.

Den geputzten Spargel in mundgerechte Stücke schneiden. In mit ein wenig Zucker und etwas Butter verfeinertem Salzwasser bissfest garen.

Schalotte für die Vinaigrette fein würfeln und mit Öl, Essig, Senf, gehackten Kräutern und dem Orangensaft verrühren. Mit Salz, frisch gemahlenem Pfeffer und Zucker abschmecken. Den Spargel mit den klein geschnittenen Erdbeeren in die Vinaigrette geben.

Die Süßkartoffeln in der Schale garen, dann abpellen und in etwa 1 cm dicke Scheiben schneiden. In einer Pfanne die restliche Butter erhitzen und die Kartoffelscheiben darin kurz anbraten.

Kartoffelscheiben auf Teller legen und mit dem Spargelsalat mit den abgetropften Matjes und Salatblatt anrichten. Mit Blüten garnieren.

Scharfer Avocado-Chili-Salat

30 g Ingwer, 2 rote Chilischoten, 2 TL Limettenschale, 6 EL Limettensaft, Zucker, Salz, 6 Frühlingszwiebeln, 2 Avocados, Koriander, 2 EL Sesam, 4 Doppelmatjes.

Ingwer und Chilischoten fein hacken. Mit Limettenschale, Saft, Zucker und Salz verrühren. Das Weiße und Hellgrüne der Frühlingszwiebeln in feine Ringe schneiden. Avocados schälen und in Würfel schneiden. Blätter von einigen Korianderstielen abzupfen und unterheben.
Mit den Matjes und geröstetem Sesam anrichten.

Salat mit Erdbeeren und Pfirsichen

1 Kopfsalat oder Salatherzen, 3 Pfirsiche, 6 große Erdbeeren, 8 Matjesfilets, $^{1}/_{2}$ Bund Petersilie, 1 kleine Salatgurke, 6 große Tomaten, $^{1}/_{2}$ Bund glatte Petersilie, 100 g Salatmayonnaise, 1 EL Senf, 2 TL Zitronensaft, Salz, 1 hart gekochtes Ei.

Salat putzen, waschen und trocken schleudern. In mundgerechte Stücke zupfen und in eine Schüssel geben. Gurke schälen, in dünne Scheiben hobeln und dazugeben.

Tomaten und Pfirsiche kreuzweise einritzen und mit kochend heißem Wasser überbrühen, danach kalt abschrecken und enthäuten. Pfirsiche halbieren, entsteinen und in Spalten schneiden. Tomaten vierteln, von den Kernen befreien und in Spalten schneiden.

Erdbeeren und Radieschen waschen, die Stielansätze entfernen, in Scheiben schneiden. Matjes quer in mundgerechte Streifen schneiden. Alles in der Schüssel vermengen.

Mayonnaise, Joghurt und Sahne verrühren. Mit Senf und Zitronensaft würzen. Sauce über den Salat geben.

Petersilie waschen, trocken schütteln und hacken. Das Ei pellen und würfeln.

Anschließend den Salat mit Eiwürfeln und Petersilie garnieren.

Speck-Salat mit grünen Bohnen

6 Matjesfilets (je 80 g), 250 g festkochende Kartoffeln, 150 g grüne Bohnen, Salz, 100 g durchwachsener Speck, 2 Stiele Bohnenkraut, 4 EL Weißweinessig, 1 TL bunter Pfeffer, 8 EL Öl, 1 EL fein geraspelte Schale von einer unbehandelten Zitrone, 1 Zwiebel, 100 g Naschtomaten.

Für den Salat Matjesfilets waschen, trocken tupfen. Kartoffeln waschen. Mit Schale etwa 20 Minuten kochen, abgießen, pellen. Grob würfeln. Bohnen putzen, waschen. In mundgerechte Stücke schneiden. In kochendem Salzwasser etwa 10 Minuten garen. Abtropfen lassen. Bohnenstücke und Kartoffelwürfel in einer Schüssel mischen. Speck in feine Würfel schneiden. In einer Pfanne knusprig auslassen, herausnehmen. Matjesfilets in gleichmäßig dicke Stücke schneiden. Matjesstücke und Speckwürfel zu den vorbereiteten Salatzutaten geben, unterheben.
Für das Dressing Bohnenkraut waschen, trocken tupfen, fein hacken. Bohnenkraut, Essig, Salz und Pfeffer verrühren. Das Öl nach und nach unterrühren. Pikant abschmecken. Dressing über den Salat gießen und alles vorsichtig mischen.
Mit geviertelten Naschtomaten, Zwiebelringen, abgeriebener Zitronenschale und Bohnenkrautspitzen garnieren.

Inhalt

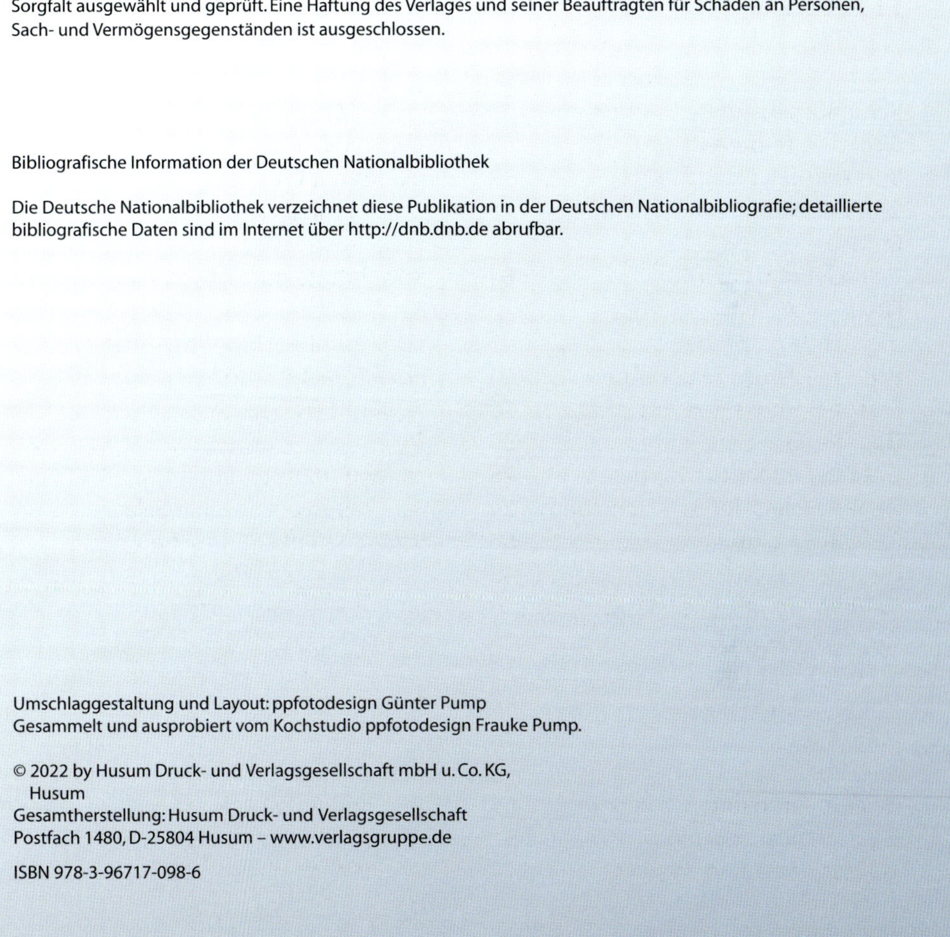

Die Rezepte sind, wenn nicht anders angegeben, für vier Portionen berechnet. Alle Rezepte und Tipps sind mit Sorgfalt ausgewählt und geprüft. Eine Haftung des Verlages und seiner Beauftragten für Schäden an Personen, Sach- und Vermögensgegenständen ist ausgeschlossen.

Bibliografische Information der Deutschen Nationalbibliothek

Die Deutsche Nationalbibliothek verzeichnet diese Publikation in der Deutschen Nationalbibliografie; detaillierte bibliografische Daten sind im Internet über http://dnb.dnb.de abrufbar.

Umschlaggestaltung und Layout: ppfotodesign Günter Pump
Gesammelt und ausprobiert vom Kochstudio ppfotodesign Frauke Pump.

Gesamtherstellung: Husum Druck- und Verlagsgesellschaft
Postfach 1480, D-25804 Husum – www.verlagsgruppe.de

ISBN 978-3-96717-098-6